# TRAITÉ

DE

# FORTIFICATION POLYGONALE,

PAR

A. BRIALMONT,

COLONEL D'ÉTAT-MAJOR.

## Atlas.

BRUXELLES,
C. MUQUARDT,
HENRY MERZBACH, SUCCESSEUR,
éditeur.
MÊME MAISON À GAND ET À LEIPZIG.

ST-PÉTERSBOURG,     BERLIN,
JACQUES ISSAKOFF.     LIBRAIRIE MITTLER.

1869

# TRAITÉ

DE

# FORTIFICATION POLYGONALE,

PAR

## A. BRIALMONT,

COLONEL D'ÉTAT-MAJOR.

## Atlas.

BRUXELLES,
C. MUQUARDT,
HENRY MERZBACH, SUCCESSEUR,
éditeur.
MÊME MAISON A GAND ET A LEIPZIG.

| ST-PÉTERSBOURG, | BERLIN, |
|---|---|
| JACQUES ISSAKOFF. | LIBRAIRIE MITTLER. |

1869

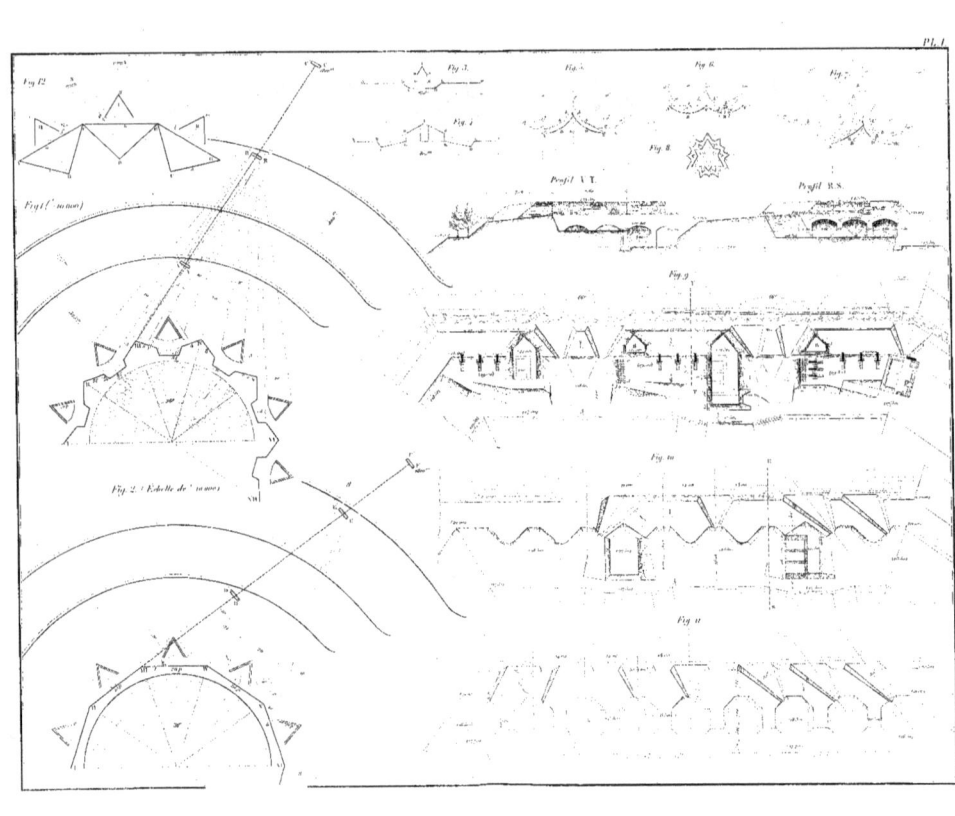

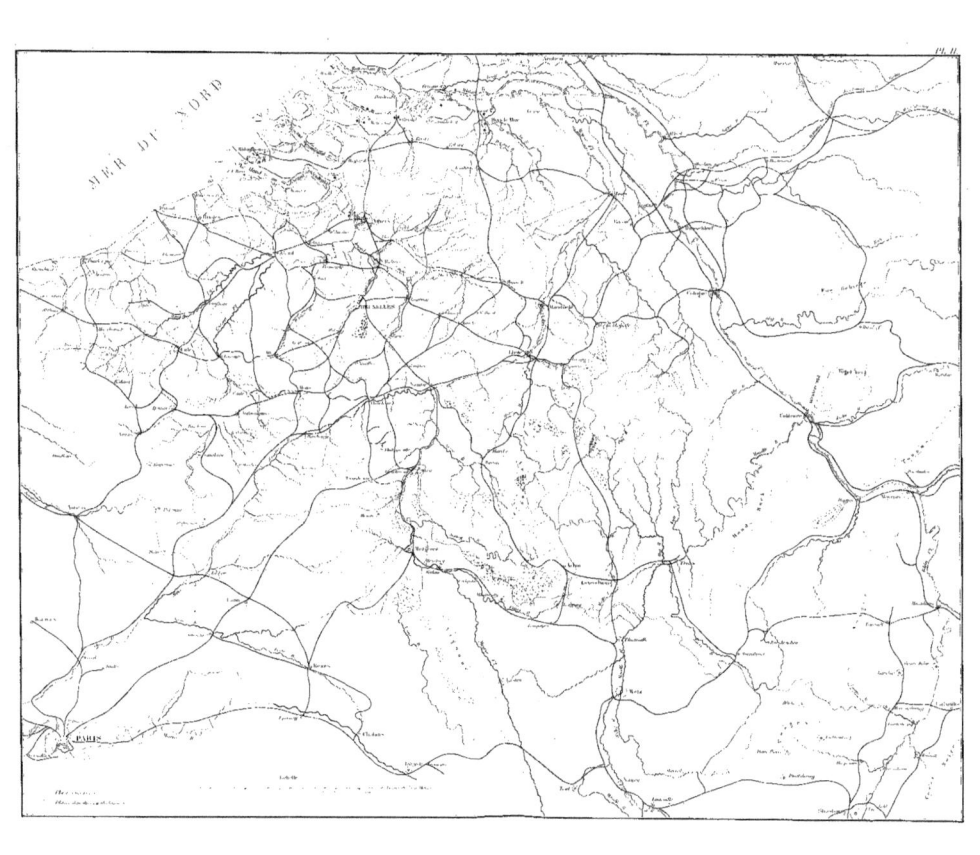

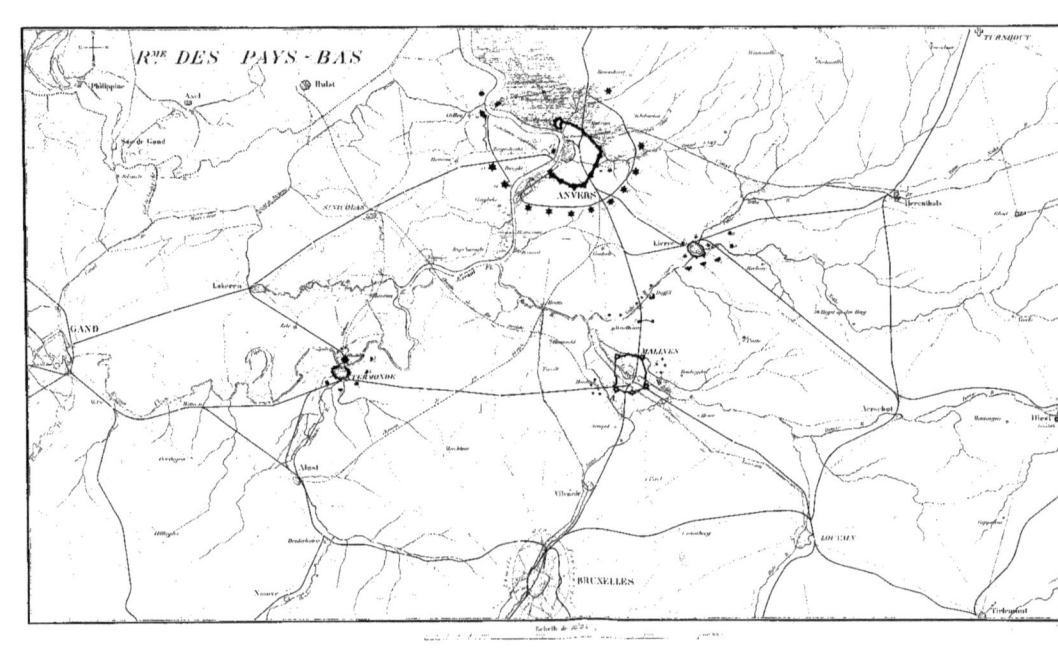

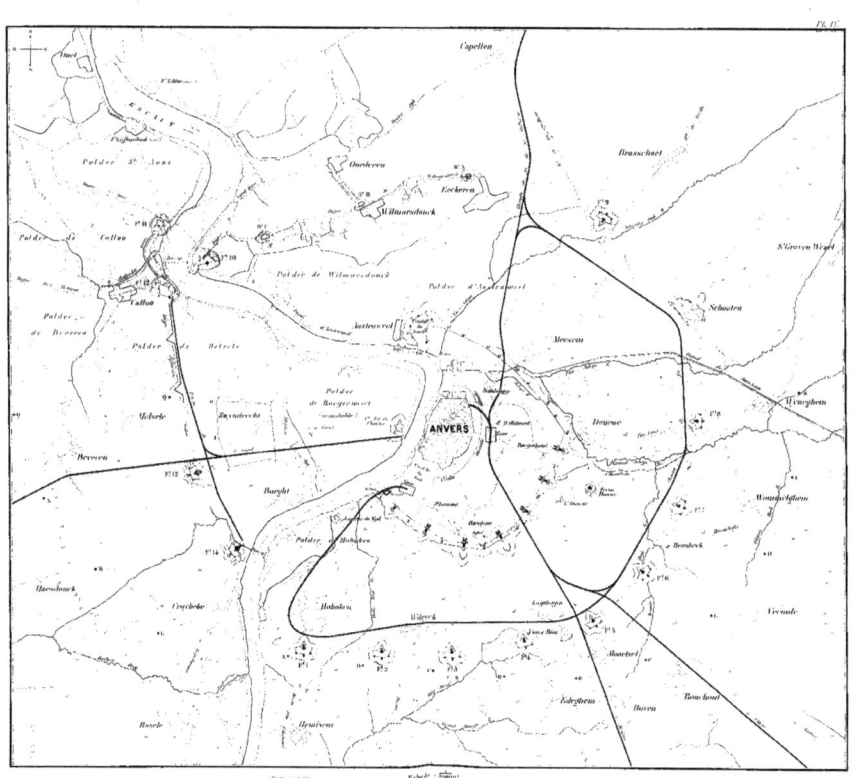

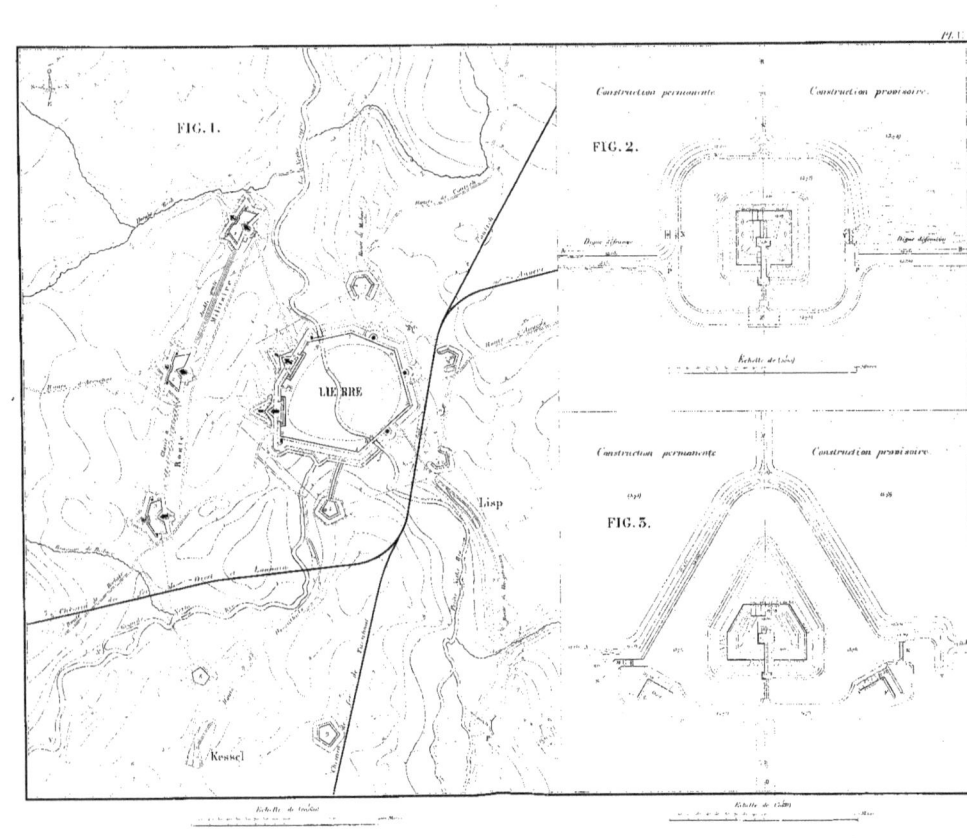

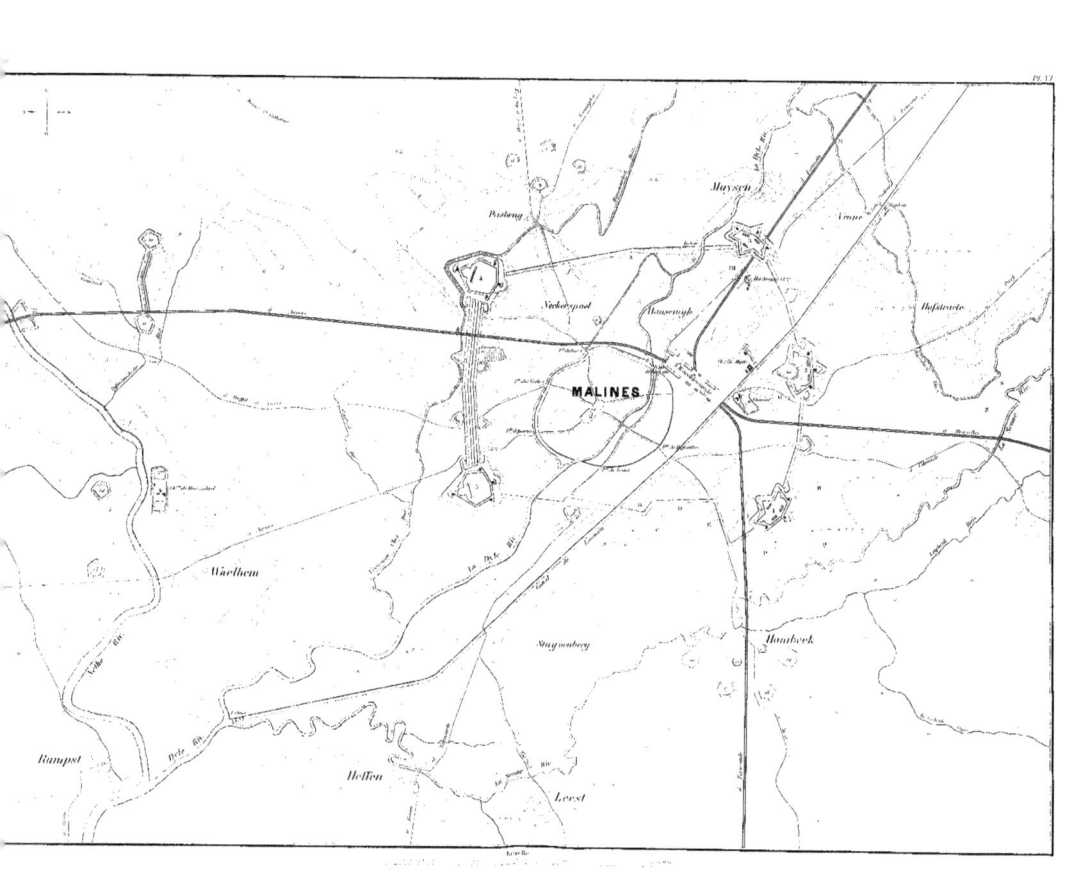

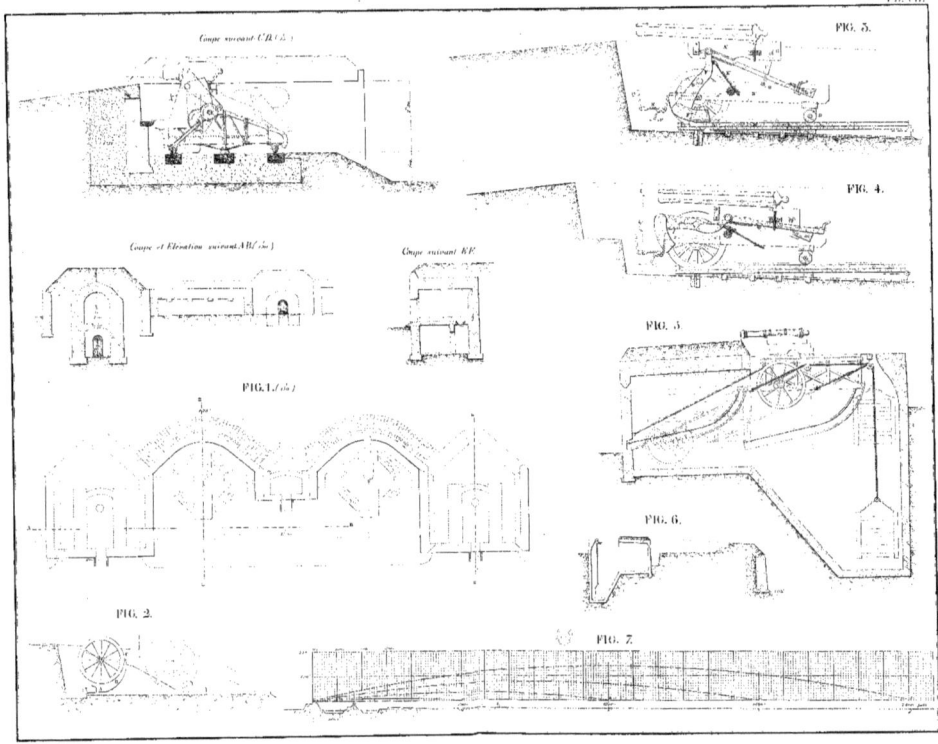

Pl. VIII

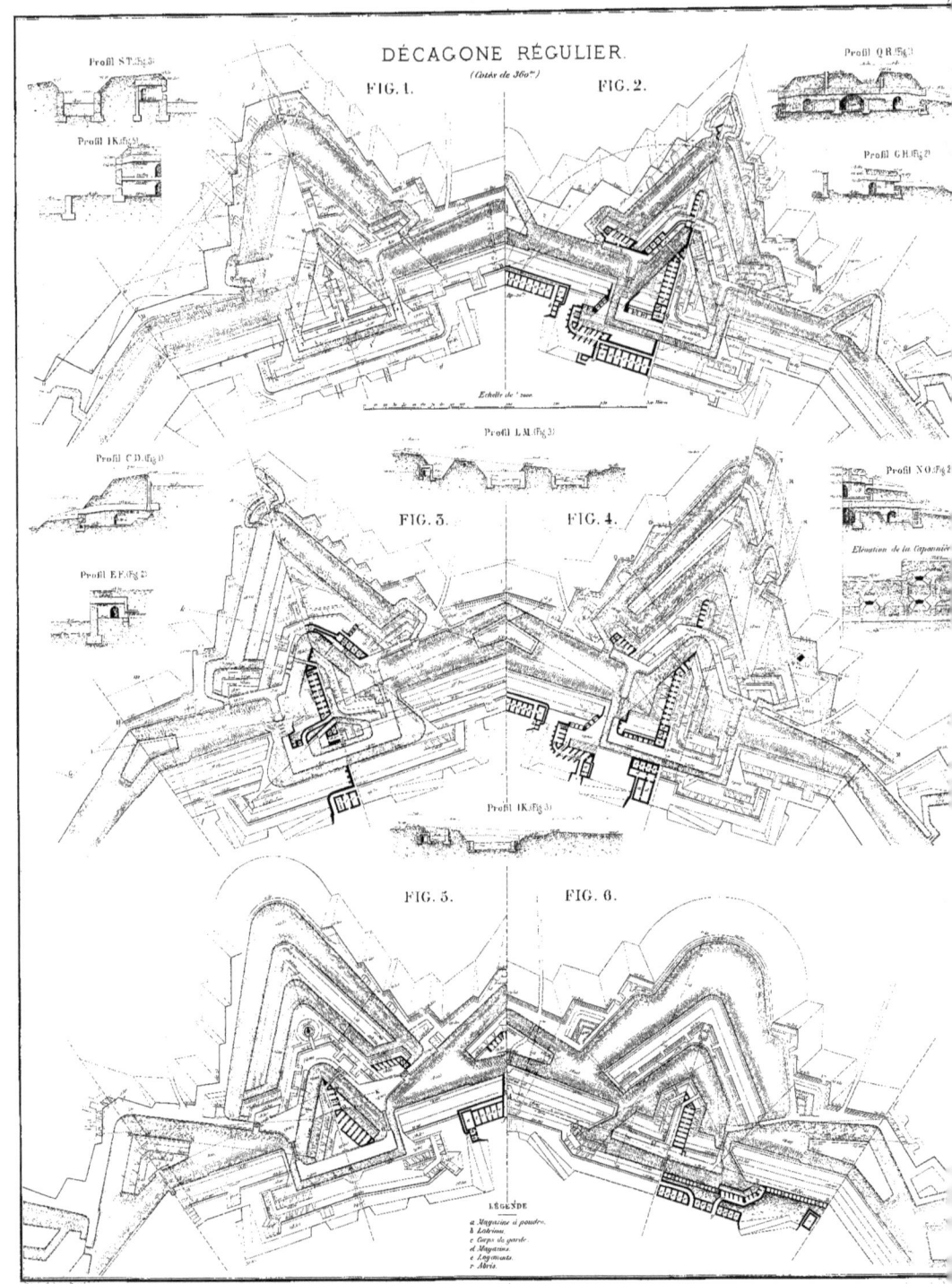

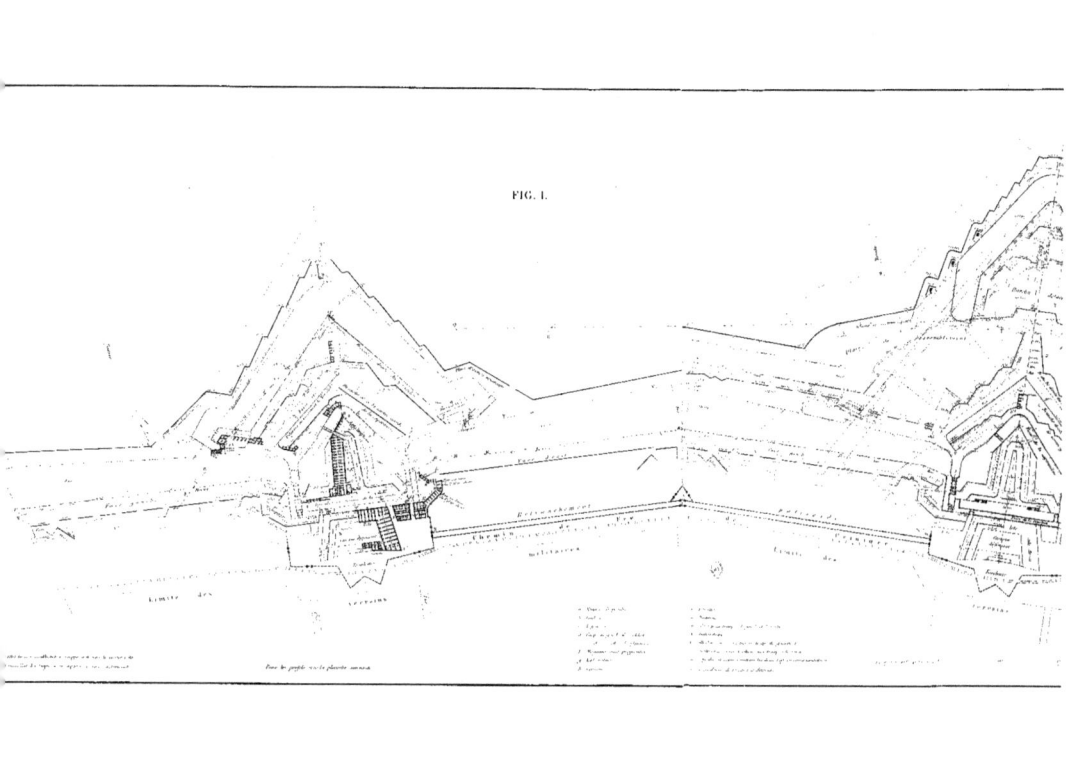

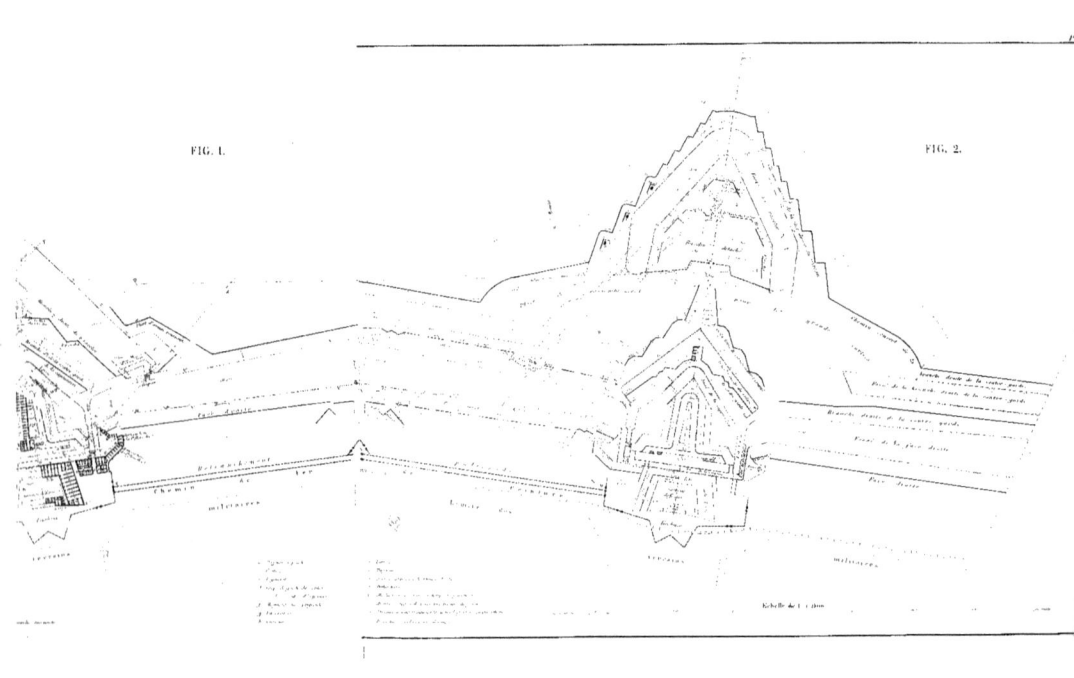

FIG. 1.      FIG. 2.

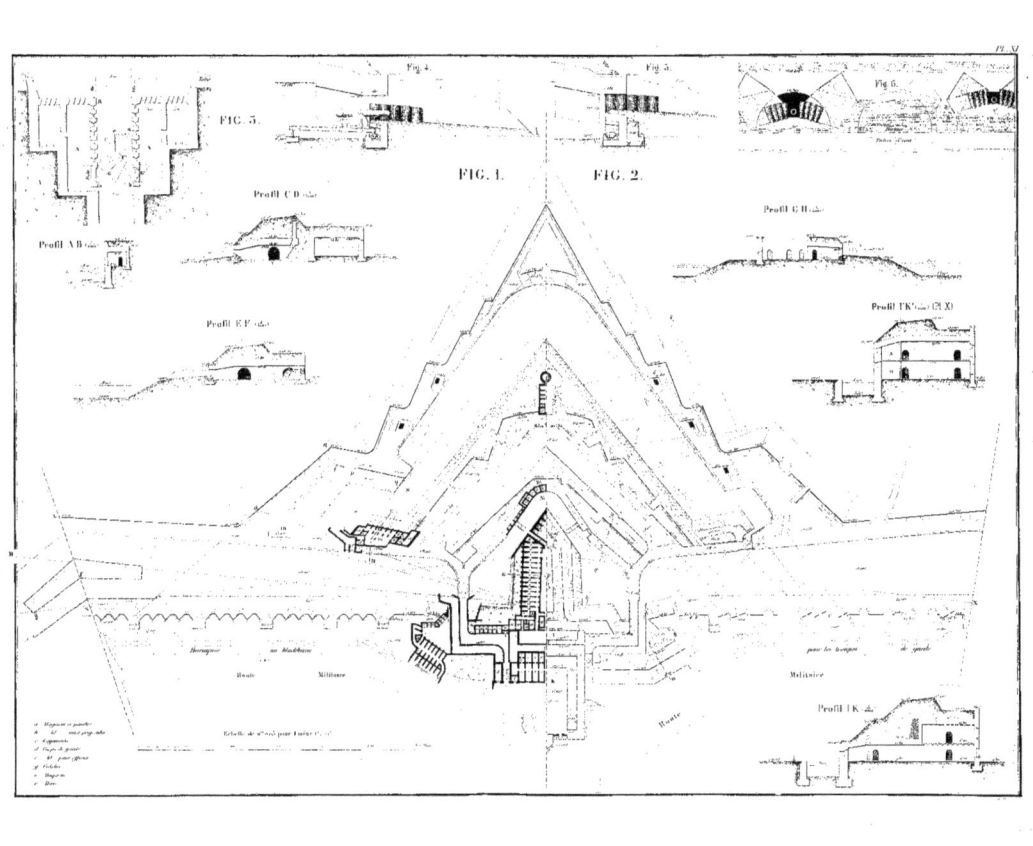

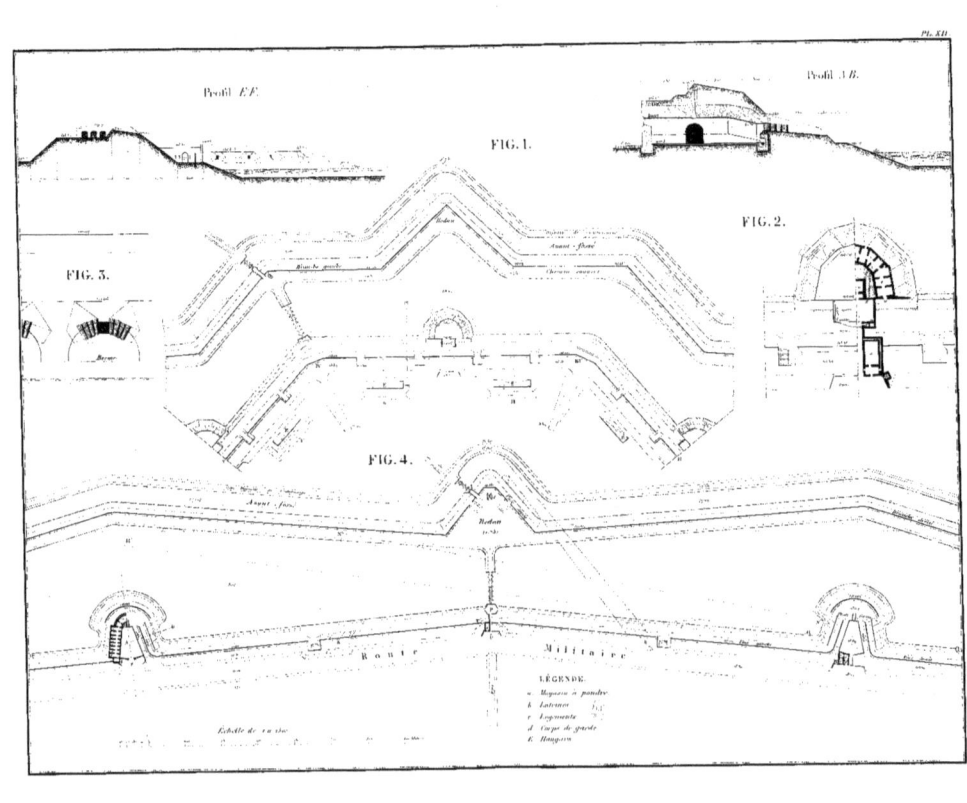

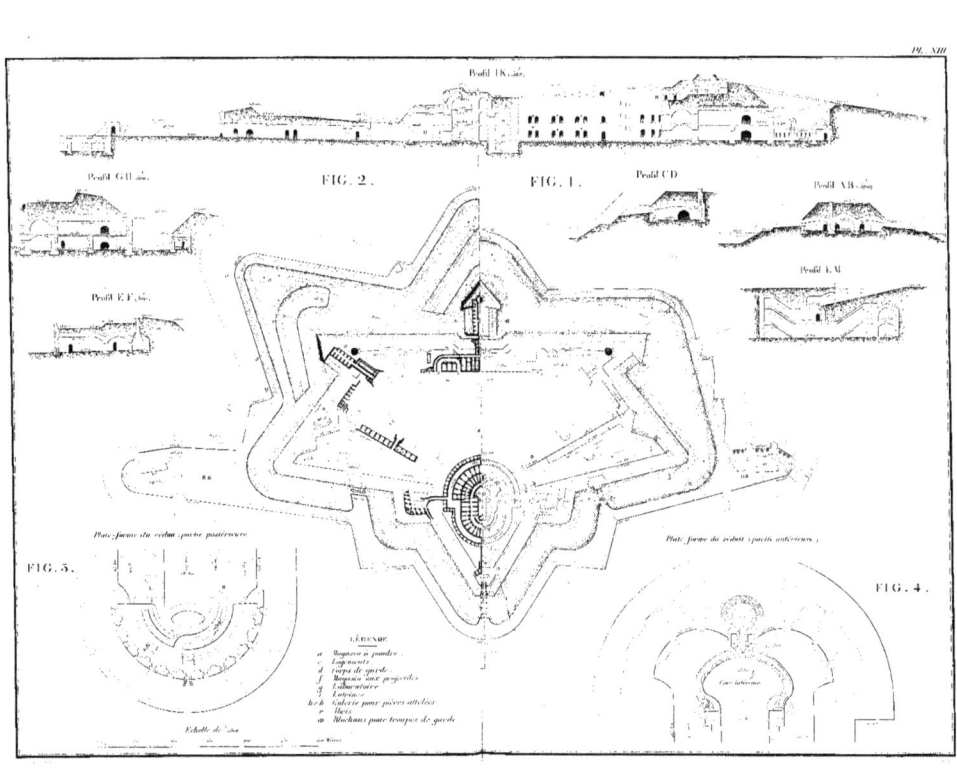

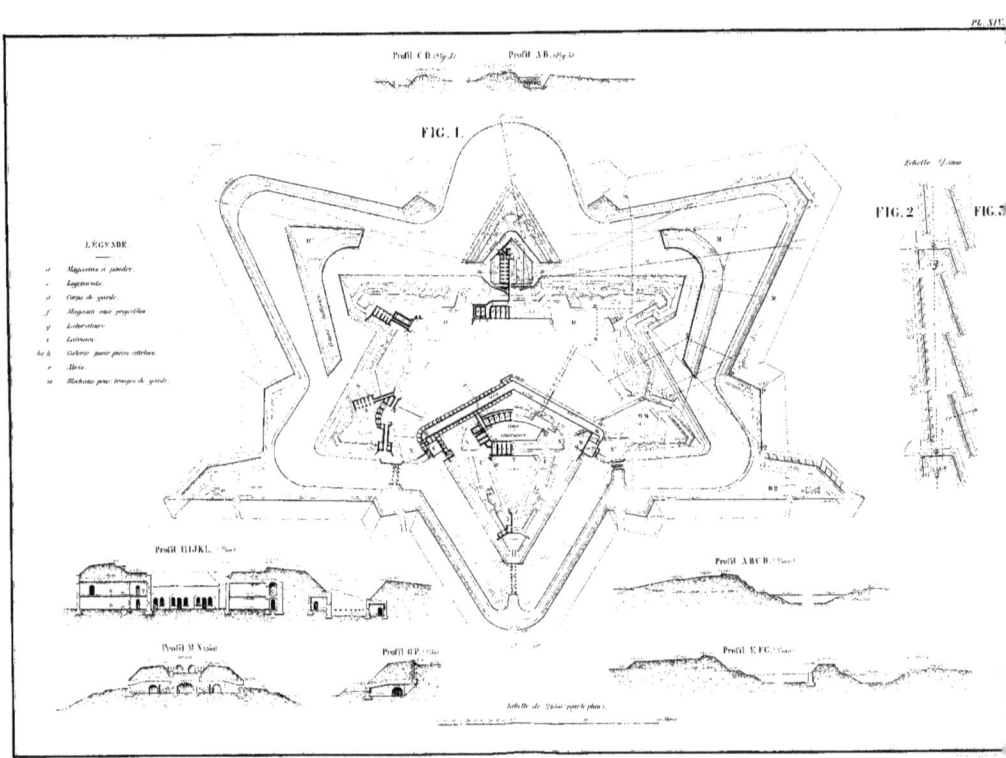

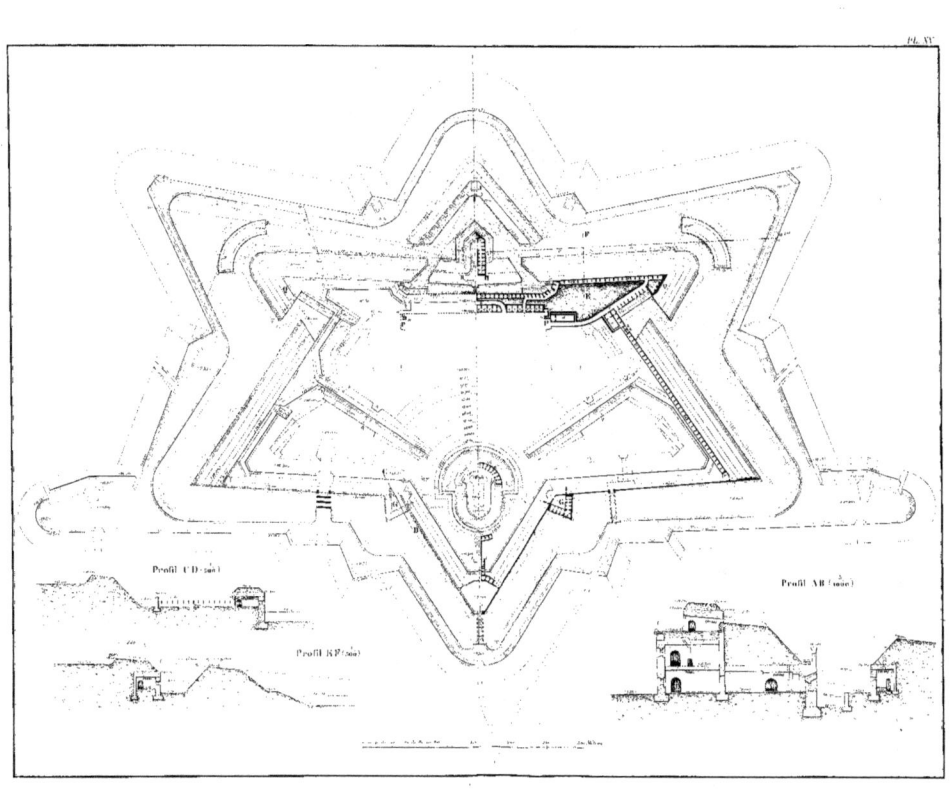

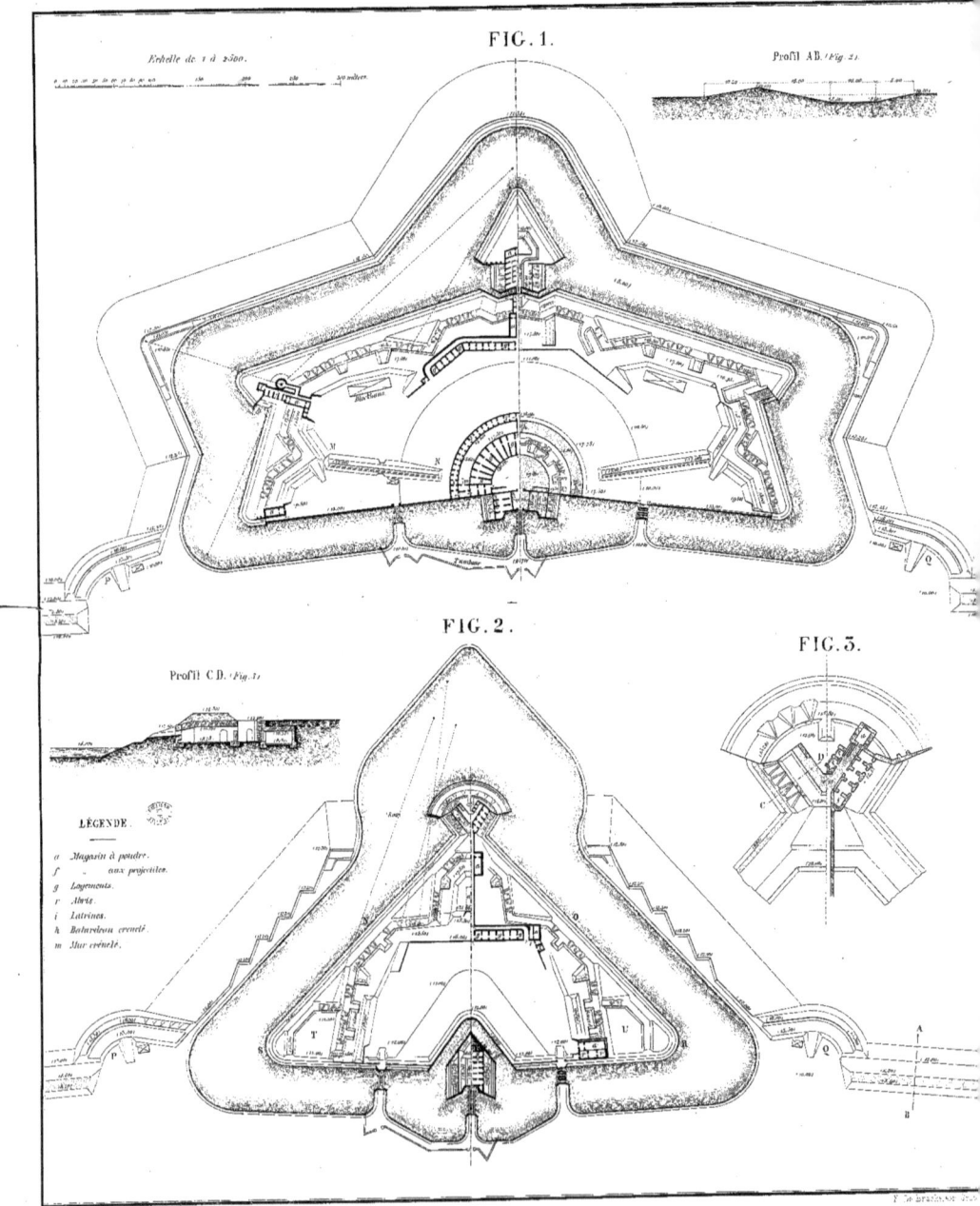

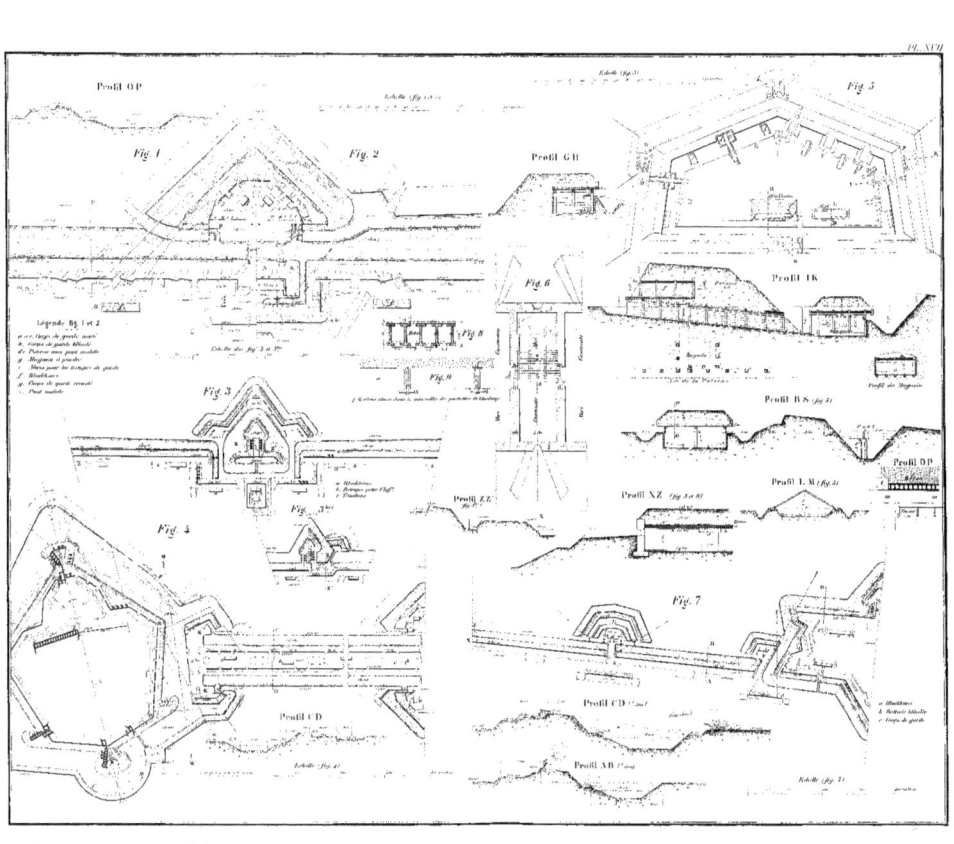

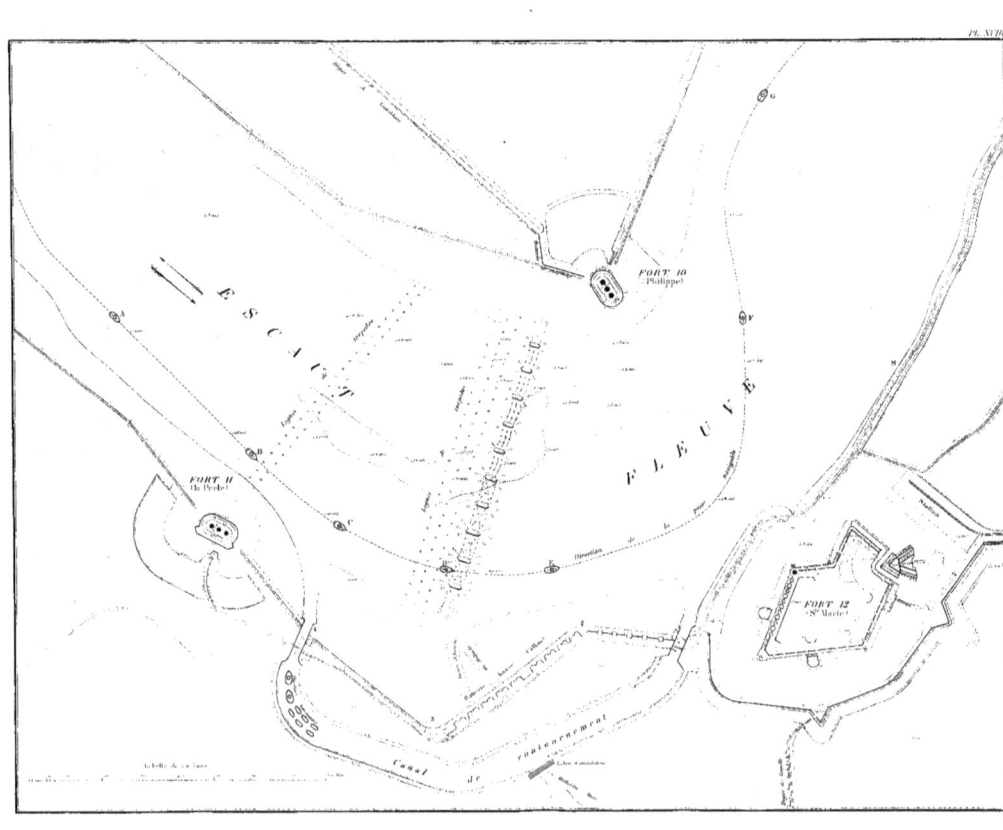

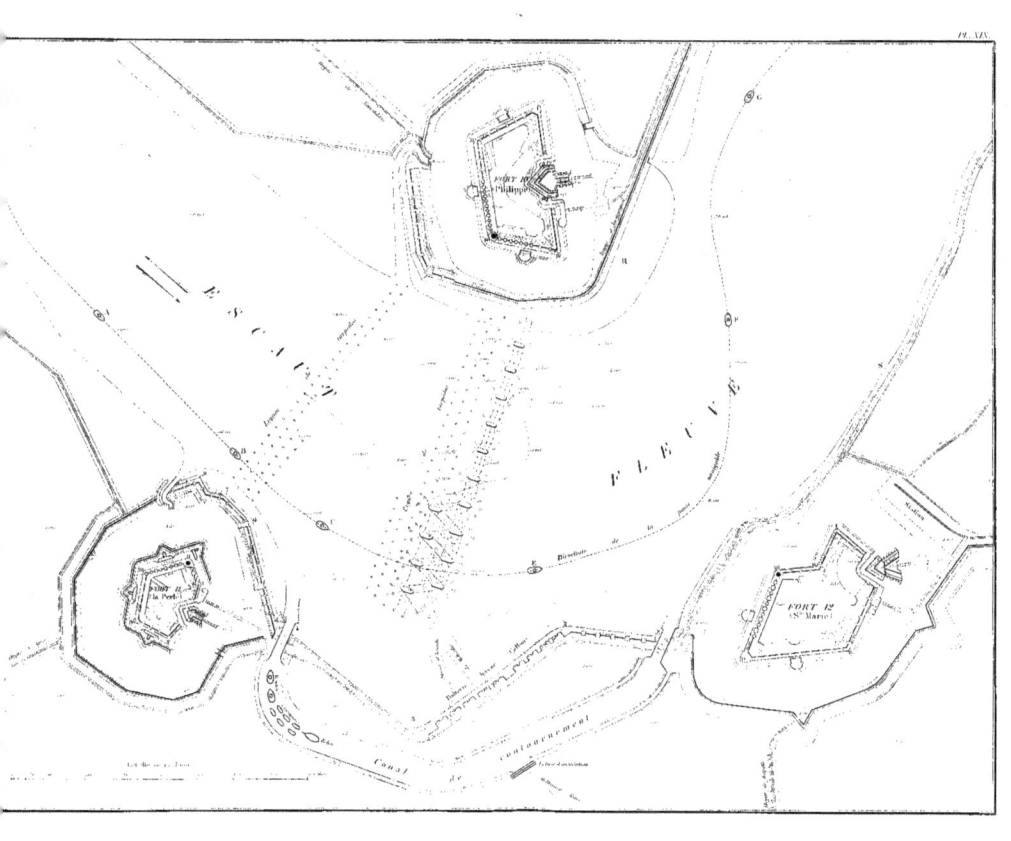

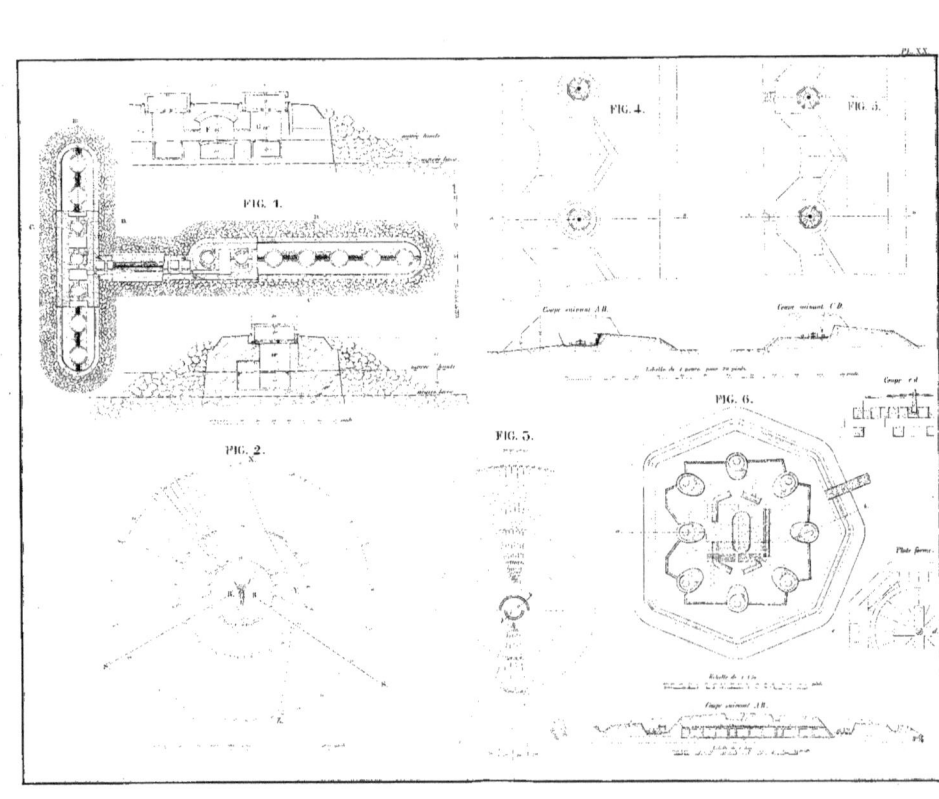

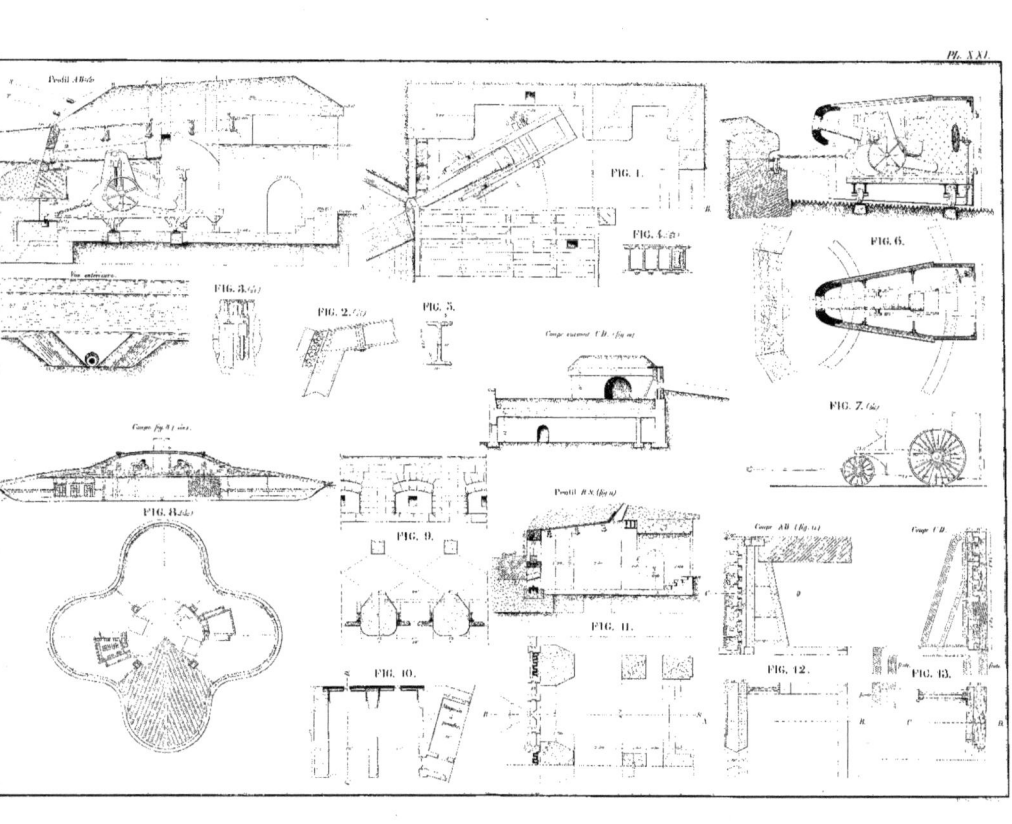

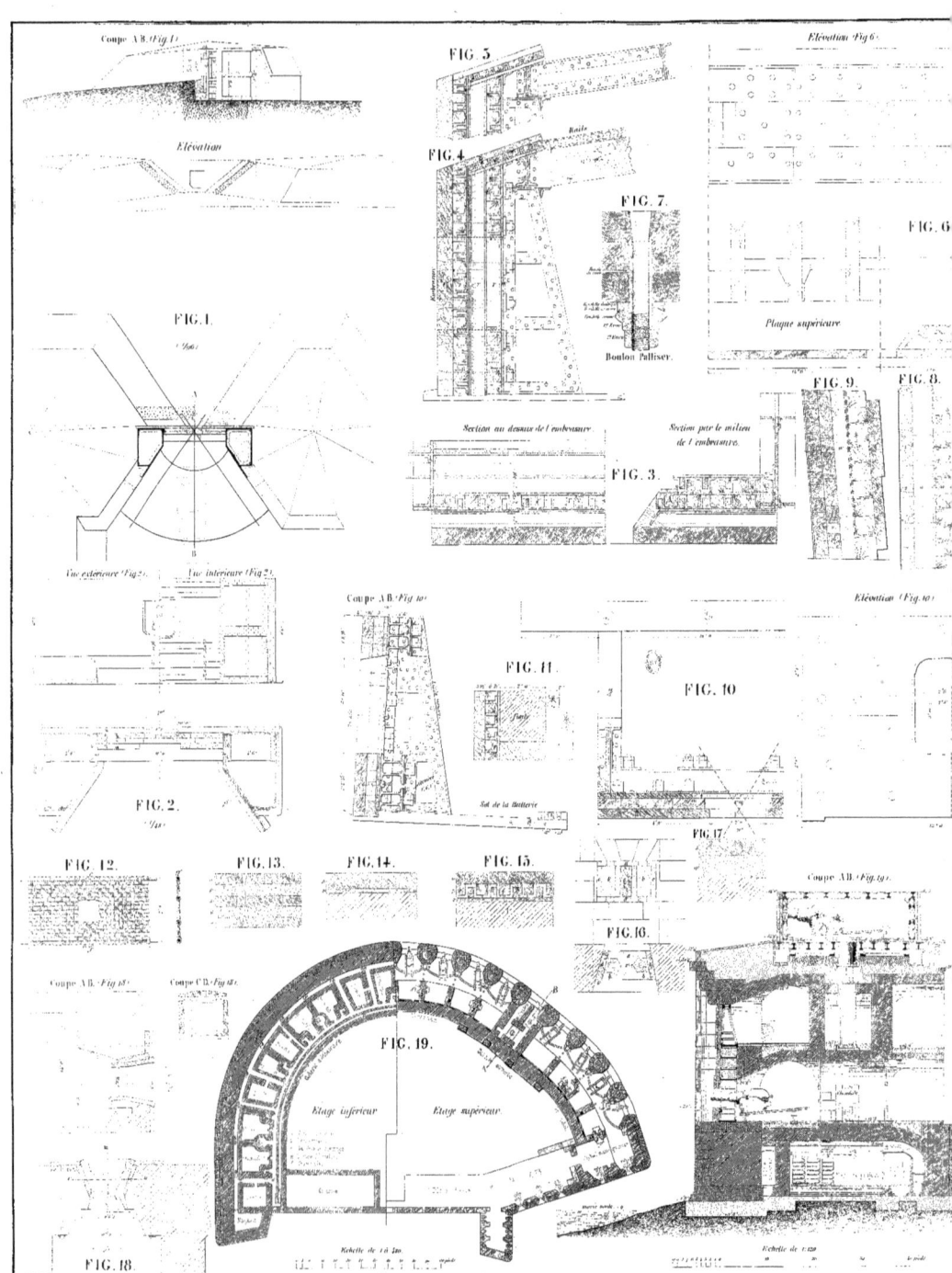

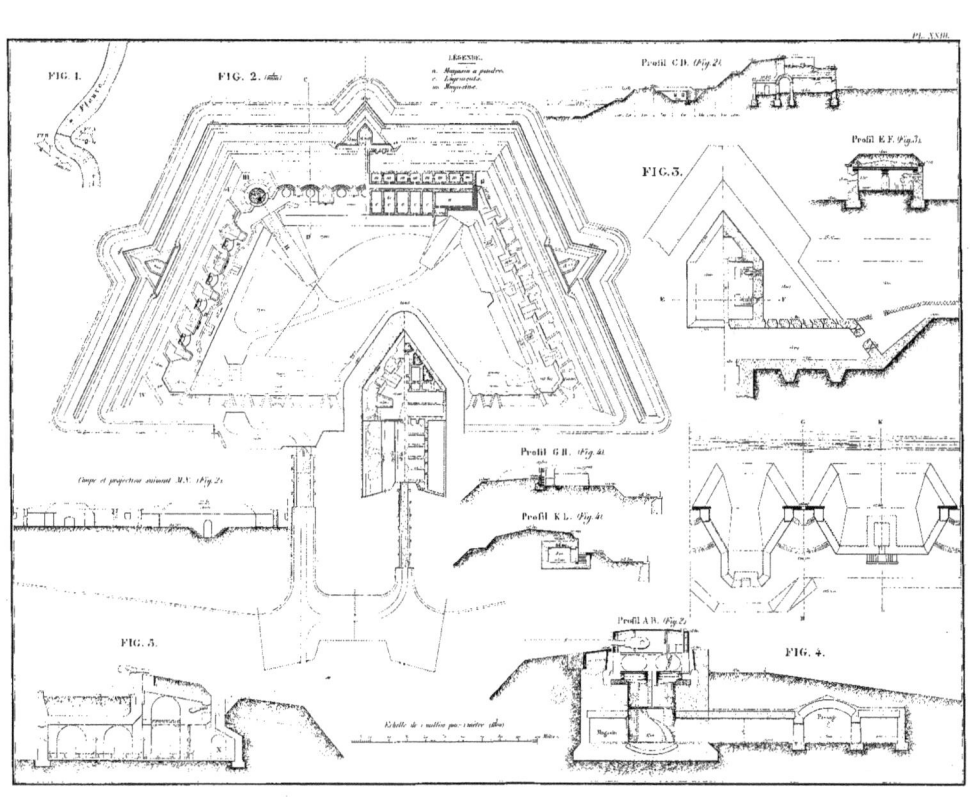

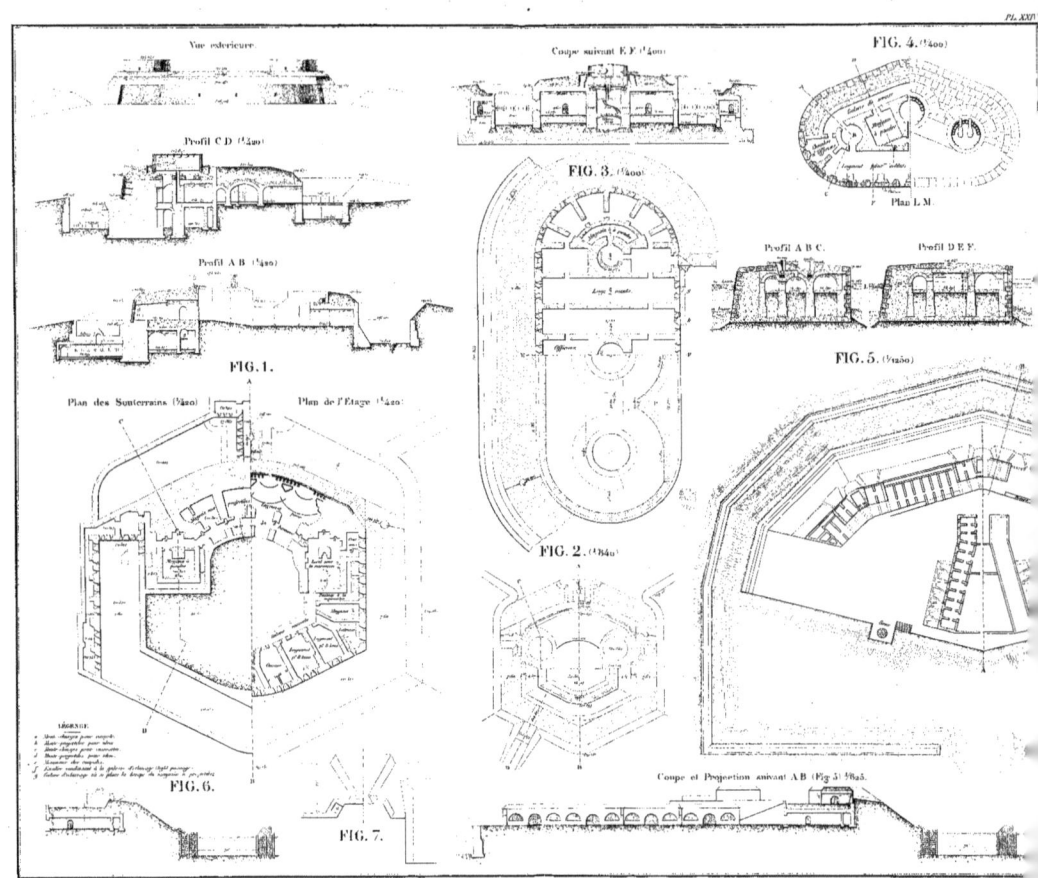

## FORT DE SPITHEAD.

## FORT BREAKWATER.

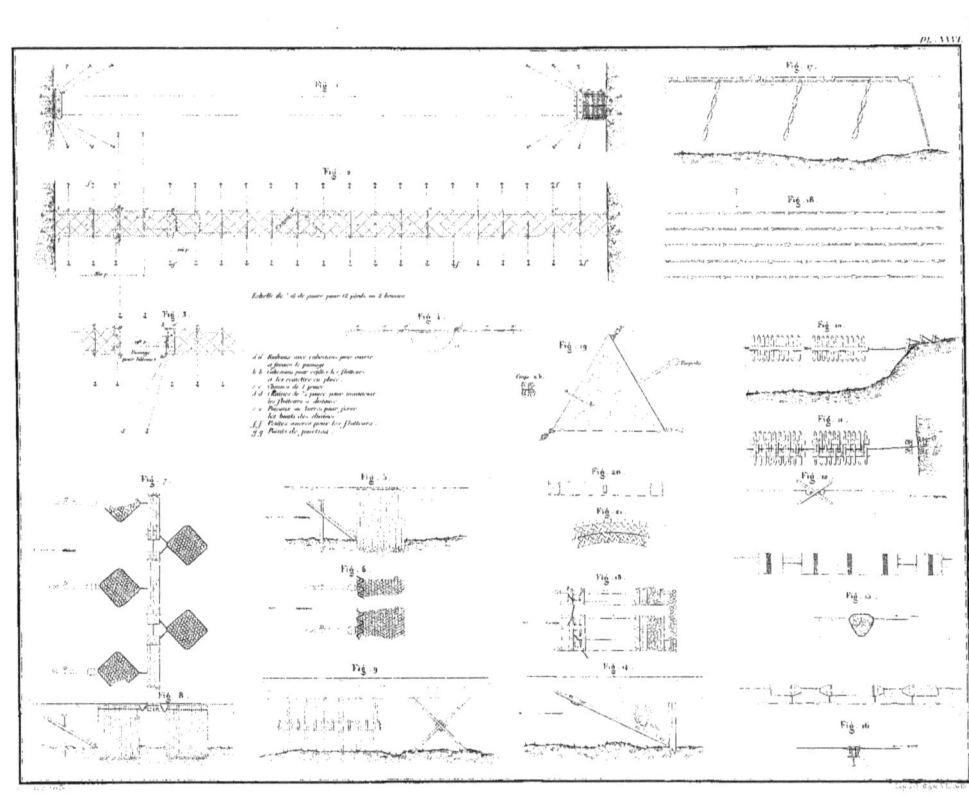

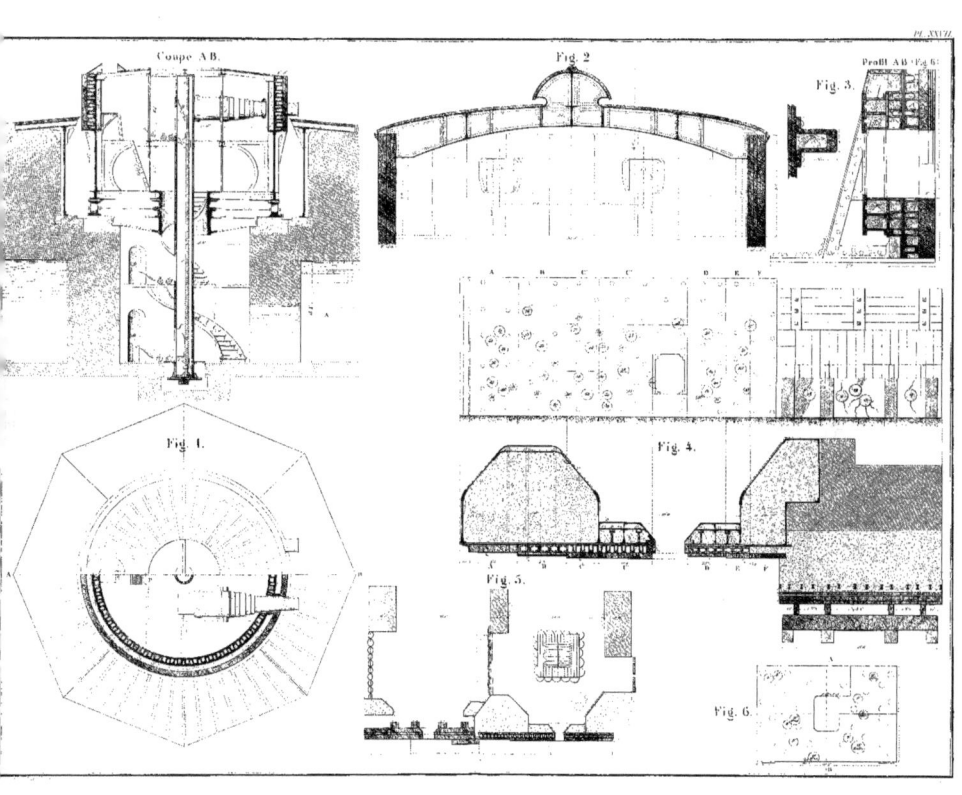

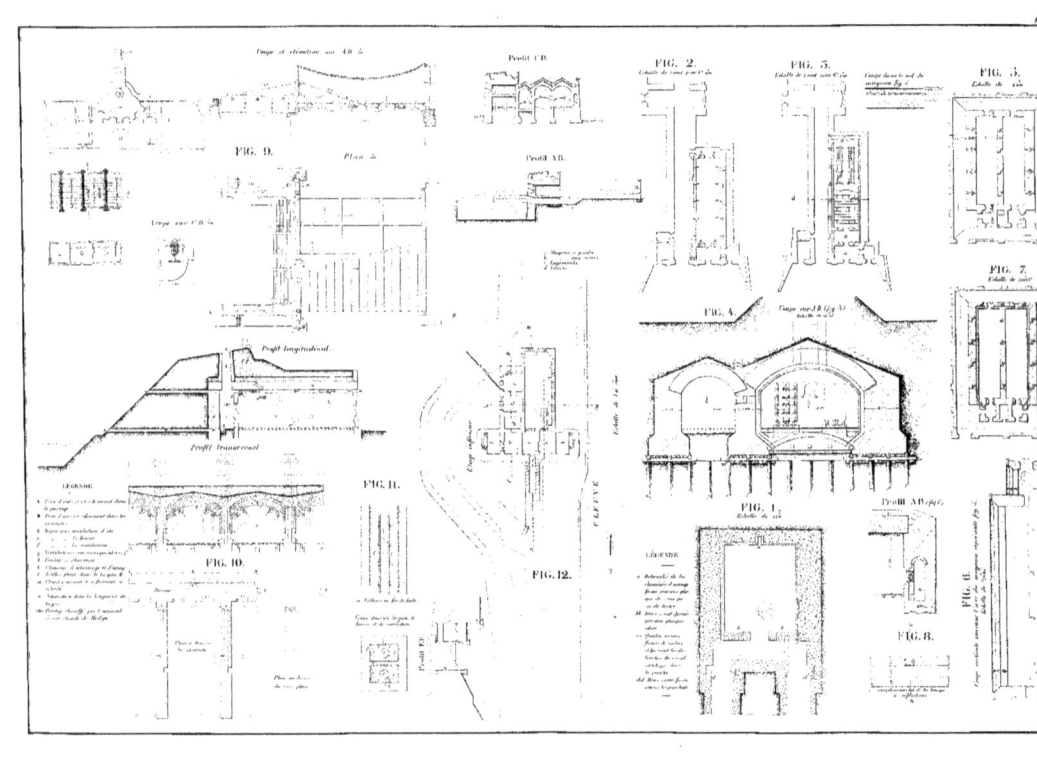

www.ingramcontent.com/pod-product-compliance
Lightning Source LLC
Chambersburg PA
CBHW060915050426
42453CB00010B/1739